a mata atlântica

Texto e Ilustrações
Rubens Matuck

BIRUTA

São Paulo - 2012

Copyright © Rubens Matuck

3ª edição - 2012

Texto e Ilustrações
Rubens Matuck

Capa e Projeto Gráfico
Casa Rex

Revisão
Waltair Martão

Coordenação Editorial
Editora Biruta

Dados Internacionais de Catalogação na Publicação (CIP)
(Câmara Brasileira do Livro, SP, Brasil)

Matuck, Rubens
   A Mata Atlântica / Rubens Matuck. — São Paulo: Biruta, 2010.

   ISBN 978-85-7848-009-7

   1. A Mata Atlântica – Literatura infantojuvenil
I. Título

08-05850   CDD - 028.5

Índices para catálogo sistemático:
1. A Mata Atlântica: Literatura infantojuvenil   028.5
2. A Mata Atlântica: Literatura juvenil   028.5

Edição em conformidade com o acordo
ortográfico da língua portuguesa.

Todos os direitos desta edição reservados à
Editora Biruta Ltda
Rua Coronel José Euzébio, 95 – Vila Casa 100-5
Higienópolis – CEP 01239-030
São Paulo – SP – Brasil
Tel (11) 3081-5739 Fax (11) 3081-5741
E-mail biruta@editorabiruta.com.br
Site www.editorabiruta.com.br

A reprodução de qualquer parte desta obra é ilegal e configura uma apropriação
indevida dos direitos intelectuais e patrimoniais do autor.

Esta é a praia da Jureia,
que fica no litoral sul de São Paulo.

í chove quase todos os dias, não importa a época do ano, como costuma acontecer em toda a Mata Atlântica.

A lama que resulta das enchentes das marés forma o mangue.

No mangue se desenvolve uma rica vida vegetal e animal.

Muitos rios nascem na serra e deságuam no mar. Próximo do mar, os rios têm água salobra.

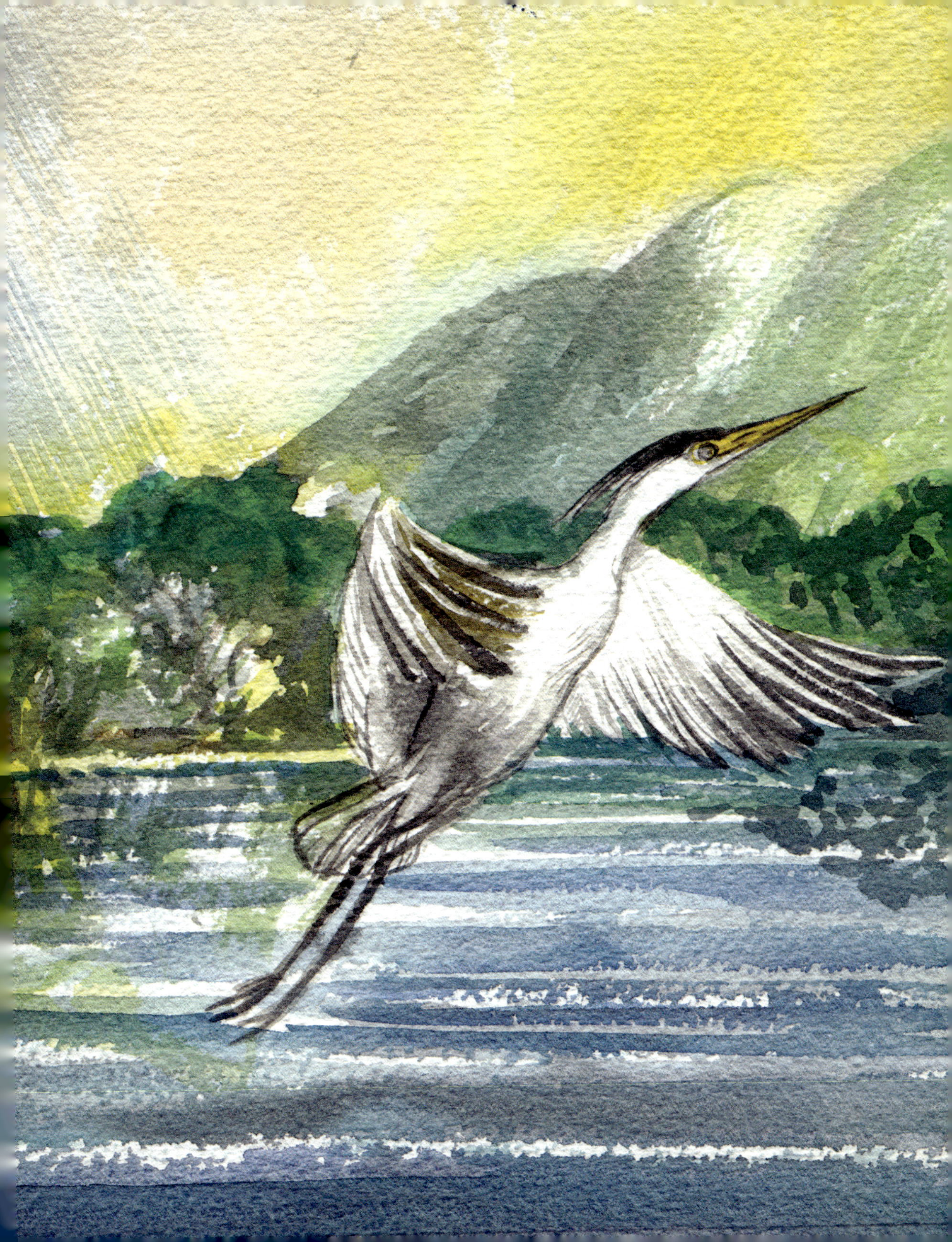

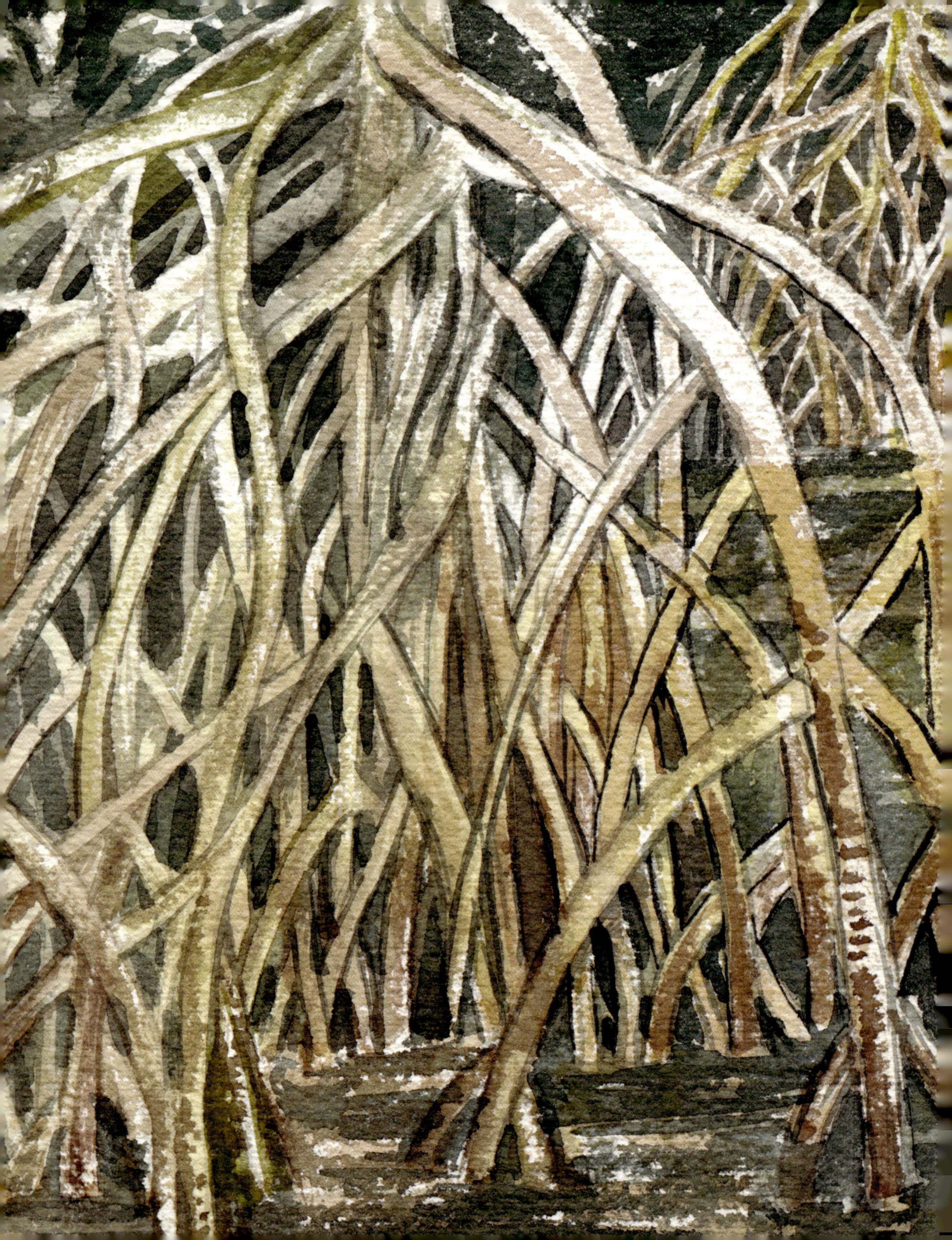

Entre as raízes aéreas das árvores do mangue, vive o pitu, um tipo de camarão **que serve de alimento para o robalo.**

A erosão constante das margens do rio provoca a
queda de grandes árvores
Os troncos, juntamente com os resíduos do solo e de outras plantas, transformam-se em fontes de alimento para os animai

A maioria dos animais dessa região tem hábitos noturnos. De dia pouco se ouve, mas muita coisa acontece.

As inúmeras nascentes da Serra do Mar formam tanques **onde animais como a suçuarana e o** morcego-pescador vêm beber água e pescar.

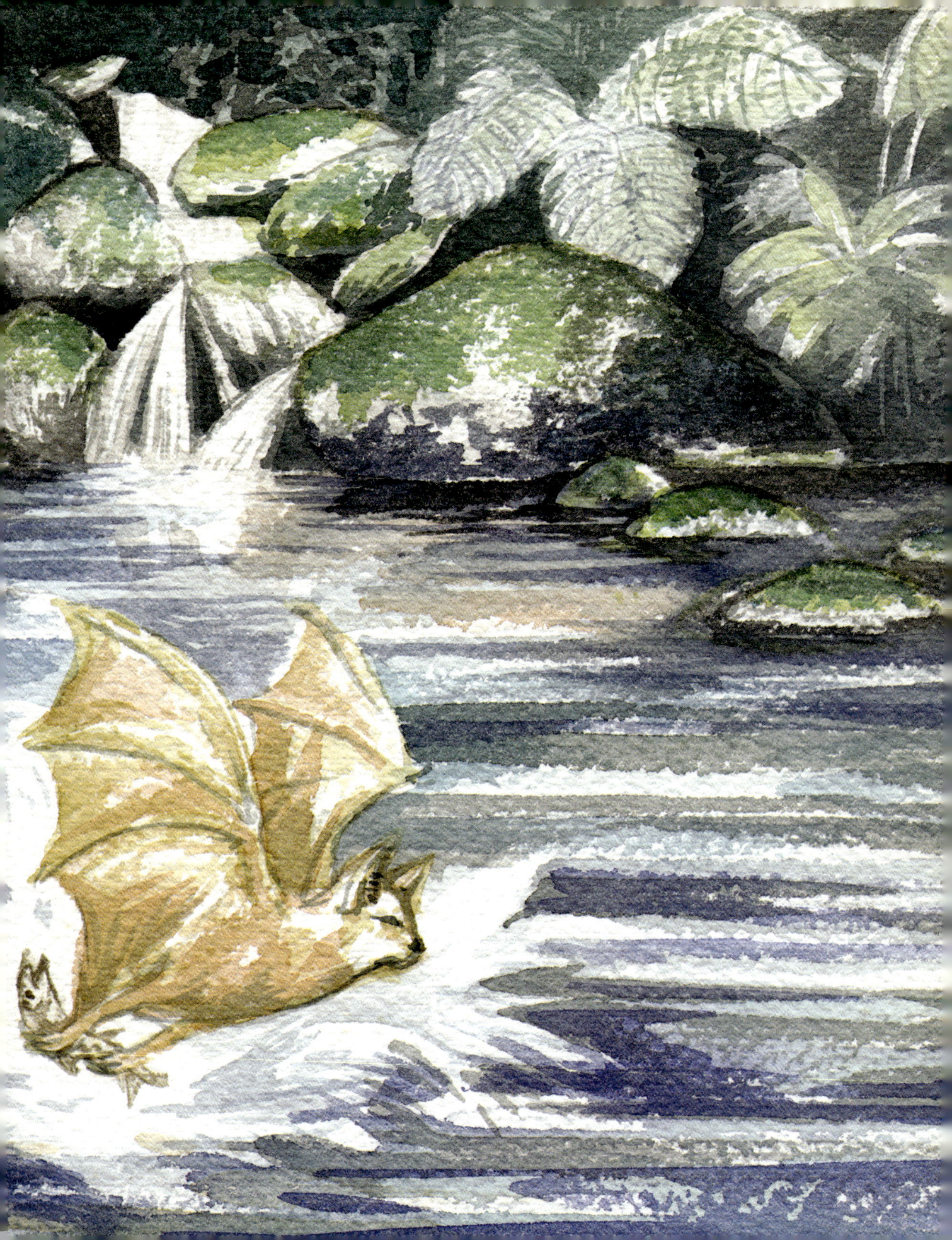

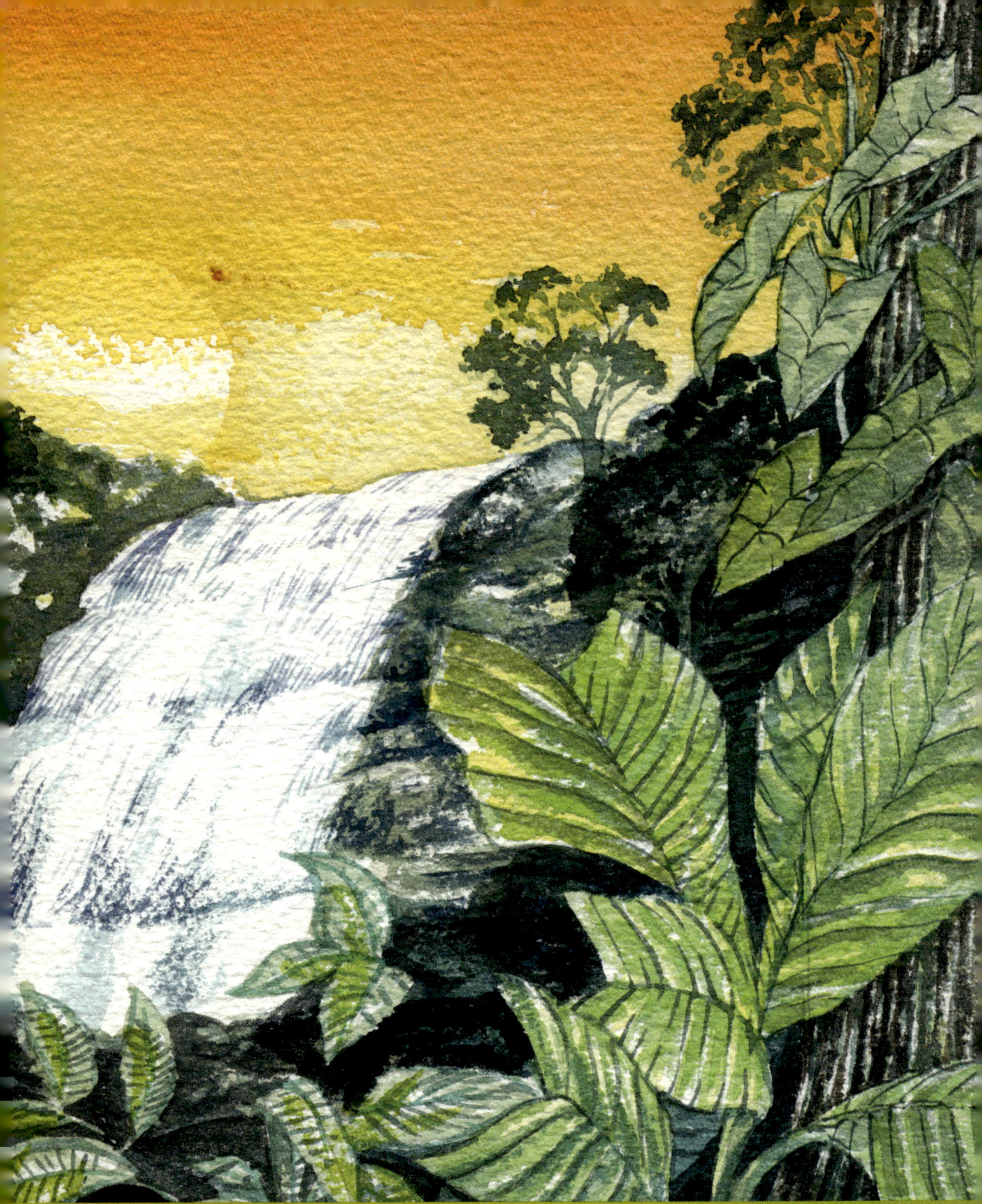

No interior da mata, os troncos das árvores são recobertos por vários tipos de plantas: trepadeiras, bromélias e orquídeas.

Ao amanhecer, o macuco pia no chão da floresta.

Nas copas das árvores há grande movimento: um bando de macacos monos-carvoeiros faz acrobacias saltando de galho em galho.

É curioso como eles fazem uso da cauda como se ela fosse um quinto membro de seu corpo.

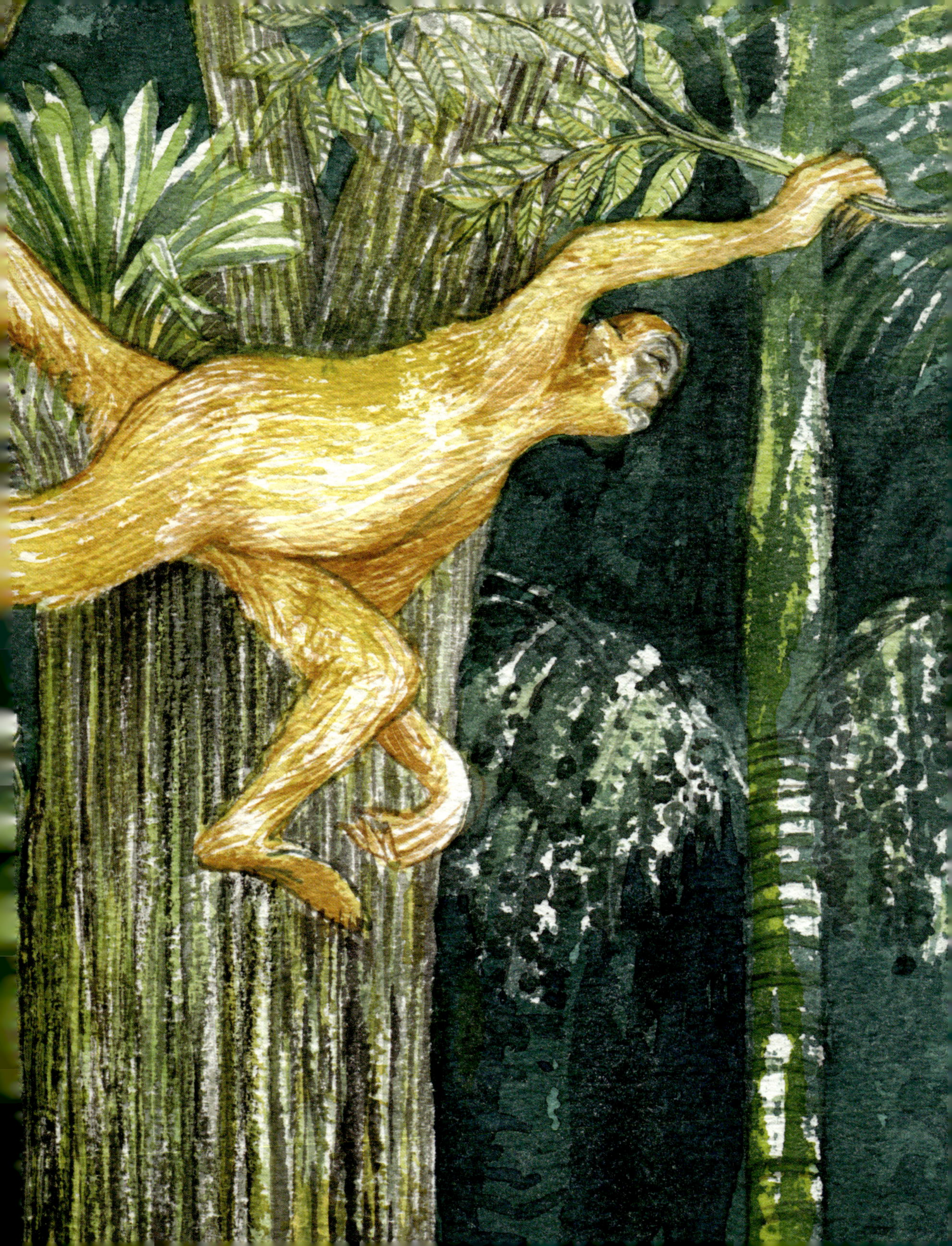

Texto e Ilustrações
Rubens Matuck
a mata atlântica
diário de viagem

BIRUTA

O cedro é uma das mais belas e sólidas árvores da Mata Atlântica. Vi também as sâmaras, as sementes aladas que se dispersam pelo vento.

fruits

semte

June 14 24 74

Cedar fruit

flower

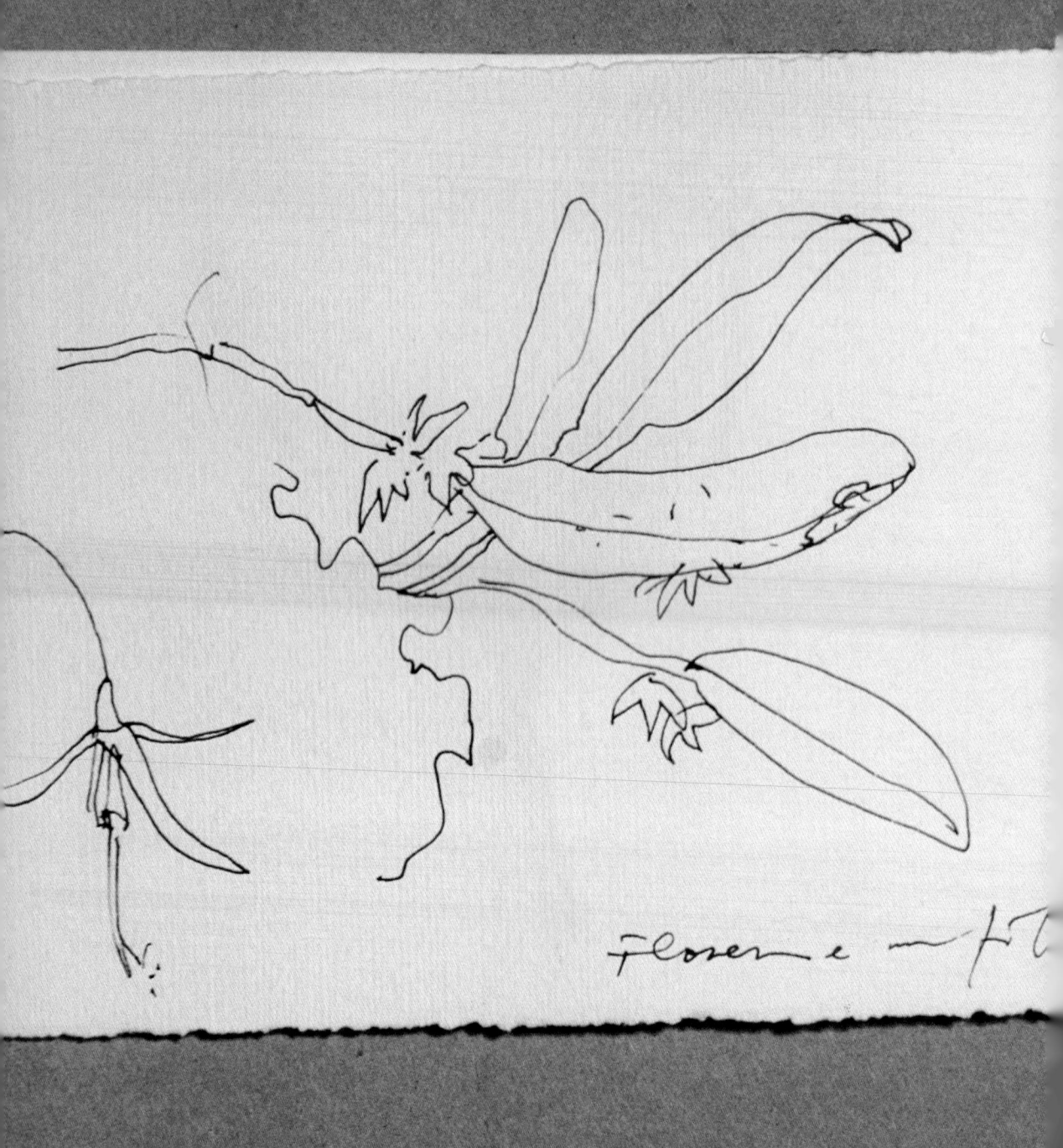

Em Campos do Jordão encontrei esta caroba. No desenho acima vemos suas flores e frutos.

Ripsalis

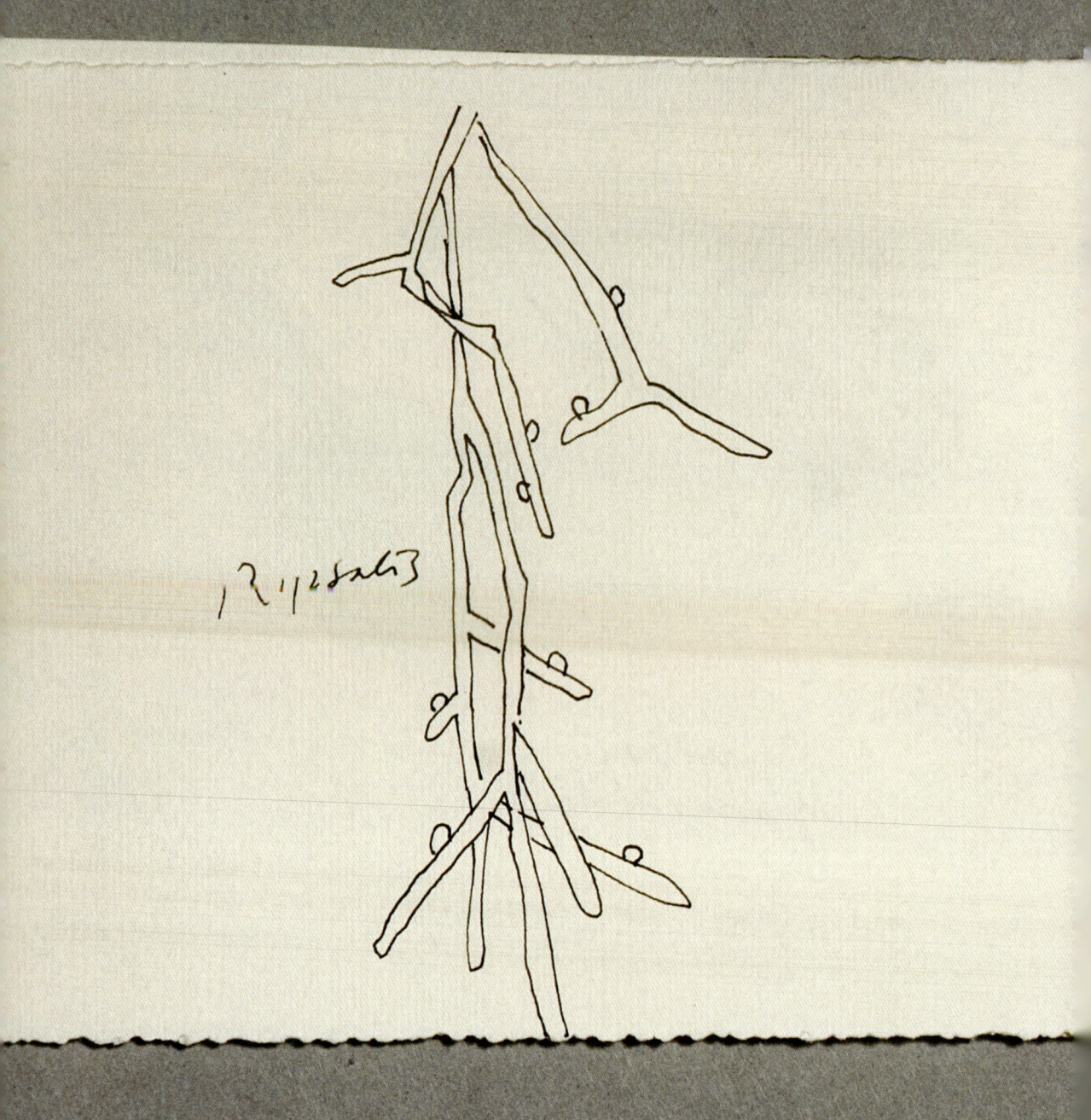

A ripsálide é um pseudocacto, ela produz frutinhos redondos, alimento procurado por alguns pássaros. O cogumelo orelha-de-pau é na verdade um fungo. Podemos vê-lo fixado numa árvore de onde ele tira seu alimento.

ninho de passarinho
cogumelo da mata

Este é o sabiaúna, quase totalmente preto.
Encontrei alguns animais simpáticos como as pequenas pacas, com seus 10 quilos, orelhas curtas, pelos castanhos e eriçados.

Pacas no zoo priv.
Zoo particular

Os xaxins ou samambaiaçus são das mais belas plantas da Mata Atlântica. E ainda tive a sorte de avistar um papagaio-chorão comendo um pinhão.

Papagaio lha da vista de onça

A beleza e o porte da bromélia e seu néctar atraem o beija-flor.

Bromelia de Bueya Flor

Maino

O macuco é uma ave que pode ser vista na floresta embaixo da copa das árvores e ao redor de riachos.

os cogumelos têm até

Na Mata Atlântica existem cogumelos até da cor verde. E no alto das árvores vi saíras coloridas em busca de alimento. Belos quadros pintados pela Mata Atlântica.

a sním colorowa

Quem é essa pequena e linda ave que corta o ar em curvas magníficas? Sua velocidade e plumagem formam um colorido único. Será que é possível ver um animal mais lindo que o beija-flor?

será que é possível um animal

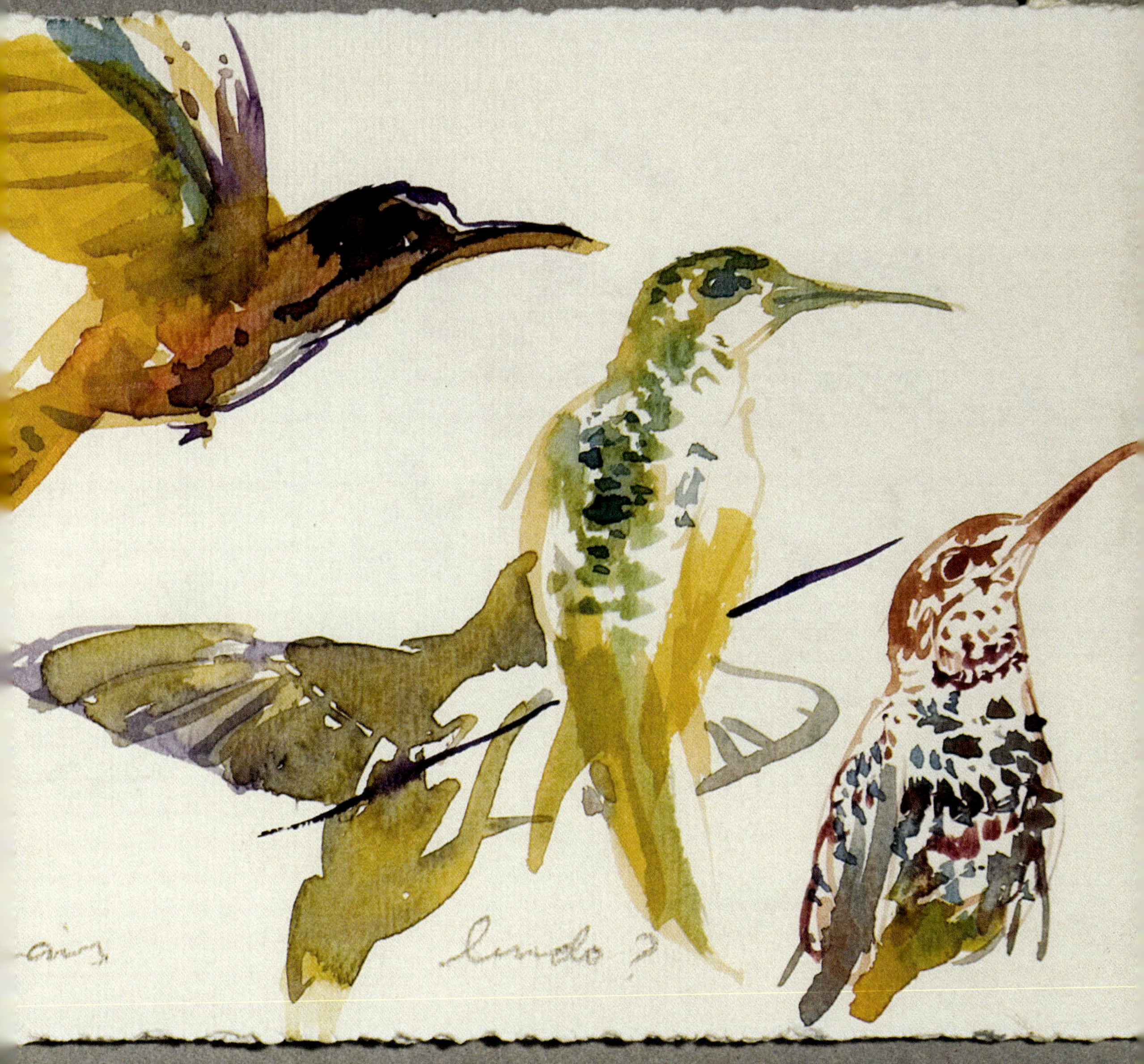
lindo ?

plein

Paca

Embora as pacas vivam em tocas, pude ver mais algumas. E também o guaxinim, esse bicho com uma discreta máscara sobre os olhos. Ele tem uma cauda listrada e um pelo cinza.

Quando era pequeno
vi estas borboletas
no Bairro onde eu
morava em S. Paulo
até os anos 70 perto
do Shopping Iguatemi
achei uma amarela dentro

Não é uma ilusão, são borboletas de várias cores da Mata Atlântica. Lindo não é? Já vi algumas delas aqui em São Paulo.

Texto e Ilustrações
Rubens Matuck
a mata atlântica
*guia do
viajante*

BIRUTA

Quando viajo, levo uma mala composta de coisas que normalmente necessito em ocasiões assim.

Essa mala contém, por exemplo, remédios que toda pessoa sabe que precisa. No meu caso, aspirina, para gripes e resfriados.

Geralmente viajo a trabalho ou sou convidado. Assim que recebo a incumbência ou o convite, penso na maleta.

Primeiro de tudo, ela tem que ser um pouco resistente e impermeável, pois, às vezes, eu viajo de barco e toda a bagagem pode se molhar com a simples passagem de uma lancha em alta velocidade pelo rio.

O seu conteúdo é pensado cuidadosamente:

1. Remédios;

2. Material de primeiros socorros, como esparadrapo, antissépticos e gaze;

3. Toalhas de papel;

4. No meu caso, míope desde pequeno, um ou dois óculos extras. Certa vez caí no Rio Amônia, no Acre, e perdi os óculos no leito do rio, mas, felizmente, tinha um de reserva;

5. Binóculo, para ver pássaros a distância e estrelas à noite;

6. Por falar em estrelas, levo um mapa celeste, pois adoro ver as constelações, imaginando o que elas representam nas diversas culturas;

7. Caderno de viagem, pois costumo anotar tudo, como detalhes de flores, paisagens e as conversas das pessoas dos lugares que visito;

8. Uma caneta e uma pequena caixa de aquarela especial para viagens;

9. Uma pequena caixa de CDs vazia para guardar folhas secas que encontro pelo caminho;

10. Caixas de plástico para coletar sementes de toda espécie;

11. Sacos de lixo.

Os itens têm a ver com a personalidade de cada pessoa e com o que ela gosta de fazer na viagem. Você deve levar em conta a sua personalidade e imaginação na hora de fazer a mala de viagem.

Alguns cuidados mínimos têm de ser tomados quando se faz esse tipo de viagem, de contato com a natureza.

Sempre aprecie e sinta os perfumes, olhe as paisagens e as cores das viagens. Esses detalhes contribuem para que nos tornemos mais humanos, respeitando a natureza e as outras pessoas.

Respeite os ninhos dos animais como se fossem a sua própria casa.

Deixe os rios limpos, recolhendo o seu próprio lixo num pequeno saco, que você leva de volta ao hotel ou aonde estiver hospedado.

Tenha respeito pelos companheiros de viagem.

A jornada pode ter momentos tensos e, quanto mais calmo você ficar, mais vai ajudar o grupo nessas situações.

Procure sempre andar em companhia de pessoas que conheçam o lugar e sejam de confiança.

Respeitar as pessoas do lugar é respeitar a si mesmo. Podem nascer inesperadamente grandes amizades nesse tipo de viagem.

Cada região deste país em que vivemos apresenta coisas que só lá acontecem. Cada região tem os seus próprios animais e plantas, que a tornam notável e curiosa aos nossos olhos.

Sempre que puder, conheça uma pessoa de mais idade que saiba a história do lugar. Com isso, você pode ter surpresas incríveis.

Eu acho que viajar é um dos grandes prazeres do ser humano. Conhecer os lugares e fazer uma viagem agradável nos faz muito bem.

Rubens Matuck é artista plástico, escultor, escritor e faz desenho gráfico. É autor de mais de trinta livros infantis e em quinze deles cuidou não só das ilustrações como também do texto.
A fauna e a flora brasileira são os temas destes livros. Publicou pela Editora Biruta os títulos da série Natureza Brasileira sobre animais em extinção e as regiões do país. *O Lobo-guará*, *A Baleia-corcunda*, *O Beija-flor-de-topete* e *A Ararajuba* receberam o Prêmio Altamente Recomendável da Fundação Nacional do Livro Infantil e Juvenil (FNLIJ) em 2004. Sobre as regiões brasileiras foram publicados cinco títulos pela Editora Biruta: *A Caatinga*, *O Pantanal*, *A Amazônia*, *O Cerrado* e *A Mata Atlântica*.
Rubens Matuck recebeu prêmios como o Jabuti de Melhor Ilustração de Livro Infantil em 1993 e o Salon du Livre de Jeunesse (Paris, 1992).